원숭이는 인간의 형제인가?

LE SINGE EST-IL LE FRÈRE DE L'HOMME?
by Pascal Picq

민음 바칼로레아 023

원숭이는
인간의 형제인가?

파스칼 피크 ㅣ 민미숙 감수 ㅣ 김희경 옮김

민음in

● 일러두기

1 본문 가장자리에 있는 사과 ● 는 이 책을 통해 반드시 이해해야 하는
　핵심 개념을 표시한 것입니다.

2 본문 아래쪽의 주는 독자들이 본문 내용을 쉽게 이해할 수 있도록 한국어판에 특별히 붙인 것입니다.

3 인명 및 지명 표기는 한글 맞춤법 통일안 및 외래어 표기 규정을 따랐습니다.

4 본문에 사용한 부호 및 기호의 뜻은 다음과 같습니다.

　─ 전집, 단행본: 『　』

　─ 신문, 잡지: 《　》

　─ 개별 작품, 논문, 기사: 「　」

차례

질문 : 원숭이는 인간의 형제인가?

"원숭이 같은 짓 좀 그만해라!"

어린 자녀들이 좌충우돌 소란을 피우면 참다못한 부모들은 이렇게 나무라곤 한다. 사람을 원숭이에 빗댈 때는 이처럼 부정적인 의미를 포함하는 경우가 대부분이다.

그렇다면 동물원에서 원숭이, 특히 침팬지를 구경하는 사람들을 한번 관찰해 보자. 원숭이와 인간 중 누가 더 원숭이 같은지, 흥미로운 실험을 해 볼 수 있을 것이다. "우, 우!" 하고 소리를 지르고 얼굴을 잔뜩 일그러뜨리며 우스꽝스러운 몸짓으로 날뛰는 쪽은 원숭이가 아니라 흥분한 아이들이다. 어른들 역시 자제하고는 있지만 속으로는 아이들에게 동조하면서 원숭이에 대하여 우월감이 섞인 어색한 표정을 짓는다.

집단 심리에 대한 정신분석에 따르면, 호모 사피엔스*는 다른 여러 종(種)들 중에서 자기가 최고라는 자만심에 차 있다고 한다. 그렇기 때문에 원숭이가 먹이를 구걸하는 모습만 봐도 본능적으로 우월감을 느낀다는 것이다.

이처럼 비참한 상황에서 침팬지들은 어떻게 행동할까? 그저 장난을 칠 뿐이다. 인간의 기대대로 어릿광대짓을 하는 것이다. 스스로 우월하다고 믿는 직립 거대 원숭이인 인간들이 자기들을 구경하면서 먹을 것을 주는 데 침팬지는 익숙하다. 그래서 침팬지들은 다른 동물들과 마찬가지로, 음식이 날아오는 순간 서로 얼싸안고 입 맞추고 자축하면서 긴장을 푼다. 맛있는 과일을 향해 덤벼드는 침팬지를 보며 인간은 웃음을 참지 못한다. 오렌지 하나를 놓고 침팬지 두 마리가 싸우거나 쫓아다닐 때는 더 많은 폭소가 터져 나온다. 하지만 잘 차려입은 인간 신사 숙녀들이 사교 모임에 참석해서 진수성찬이 차려진 식탁을 향해 달려드는 모습을 본다면 침팬지도 웃어 댈 게 틀림없다.

●●●

호모 사피엔스 '지혜 있는 인간' 이라는 뜻으로, 진화 단계상 가장 발달한 인류이다. 4만~5만 년 전부터 지구상에 출현했고 농경과 목축 문화를 발전시켰다.

사실 인간은 원숭이이다. 아니 더 정확히 말하면, 약 100여 종이 넘는 원숭이 무리 중 인간이라 불리는 원숭이의 한 종이다. 게다가 몇몇 종의 원숭이는 우리 인간과 굉장히 유사한 점이 많다. '인간은 원숭이의 후손이다.' 라는 것은 완전히 잘못된 생각이다. 이것은 인간이 원숭이와 완전히 분리된 하나의 독자적인 종이라는 뜻으로 '인간이 원숭이와 같은 무리에 속한다.' 라는 생각을 무시하는 것이다.

원숭이에 대한 우리의 고정관념은 신화나 종교, 동물원 등의 영향으로 생긴 것이다. 영화와 광고 또한 원숭이에 대한 두려움이나 어리석은 편견을 갖도록 만들었다. 「킹콩」을 본 사람들은 고릴라를 사나운 괴물로 생각하게 되었고, 「타잔」을 통해 침팬지가 우리의 유쾌한 친구라고 생각하게 되었다. 또한 우리는 베르베트원숭이°가 에볼라°나 에이즈와 같은 악성 바이러스를 인간에게 전염시켰다고 믿지만 현실은 이와 전혀 다르며,

●●●

베르베트원숭이 남아프리카 산 긴꼬리원숭이로 사바나원숭이라고도 불린다.
에볼라 바이러스 1976년 수단 서부에서 처음 발견된 치명적인 질병을 일으키는 바이러스로, 지난 1995년 자이르에서만 244명의 희생자가 발생했다. 감염되면 내장이 녹아 목구멍으로 피를 쏟으며 죽게 된다. 최고 90퍼센트의 치사율을 나타낸다.

훨씬 더 복잡하다.

이제 우리는 원숭이, 즉 인간이 무엇인지 알고 있다는 전제 아래 우리에게 있는 원숭이의 본성을 인정할 때가 되었다. 원숭이와 인간은 거대한 동일 계보 속에서 진화해 왔고, 오랜 역사를 공유하고 있다. 이제 오랫동안 무시당해 온 우리의 형제에 대해 알아보자.

1

원숭이와 인간은
어떤 관계일까?

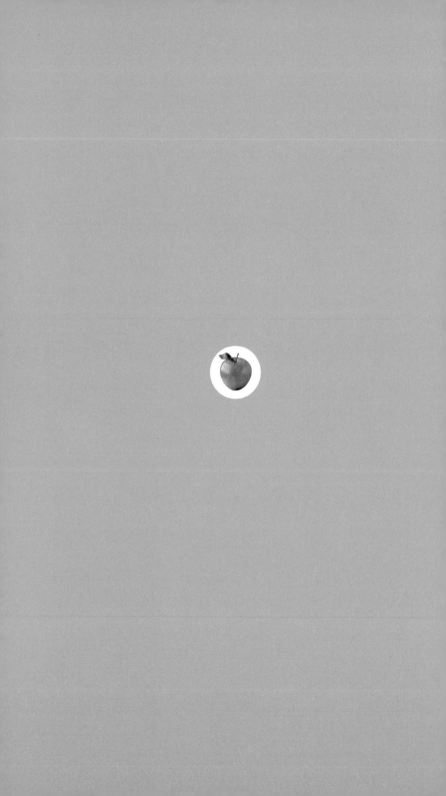

원숭이의 종류는 어떻게 나뉠까?

원숭이는 나무 생활을 하는 **포유류**˚로서 그중에서도 영장목˚
에 속한다. **동물 분류학**에서는 특징이 같거나 독특한 생활 습관
을 공유하는 종들을 하나로 묶는다. 예를 들어 갯과, 고양잇과,
하이에나과의 육식 동물은 고기를 물어뜯거나 찢을 수 있는 날
카로운 송곳니가 있다. 코끼리와 바다소 같은 장비류˚는 코가

● ● ●

포유류 포유강의 동물을 일상적으로 통틀어 이르는 말로서 포유동물이라고도
한다.
영장목 포유류의 한 목(目). 대뇌가 잘 발달했고 가슴에 한 쌍의 유방이 있다. 팔
과 다리는 물건을 잡기에 알맞게 발달했다. 성성이, 원숭이, 고릴라 따위가 여기
에 속한다.

윗입술에 연결되어 있는 한편, 설치류[*]는 앞니가 끝없이 계속 자라난다. 그리고 영장류는 나무에서 생활한다는 특징이 있다.

현재 약 200여 종의 영장류가 있으며, 그중 140여 종이 원숭이이다. 원숭이들은 아주 자세하게 구분되어 있다. 원숭이의 학명은 '아플로리니엥'[*]으로, 납작한 콧구멍이 아닌 진짜 코를 갖고 있다는 뜻이다. 남아메리카의 **광비원류** 원숭이들은 콧구멍 폭이 넓고 납작하며, 이와 달리 **협비원류** 원숭이들은 콧구멍이 작다. 우리가 속한 협비원류에는 마카크원숭이, 비비, 랭구르원숭이, 코주부원숭이, 긴꼬리원숭이, 고릴라, 침팬지, 오랑우탄, 긴팔원숭이 등 80여 종이 속해 있다.

이제 협비원류에 대하여 알아보도록 하자. 이들은 크게 꼬리 있는 원숭이, 즉 **긴꼬리원숭잇과**와 꼬리 없는 원숭이, 즉 **성**

• • •

장비류 척추동물 포유류의 한 목으로 한때 크게 번성하였으나 현재 남아 있는 종은 코끼리뿐이다. 매머드를 비롯한 다수의 화석종(化石種)이 여기에 속한다.

설치류 쥐목 포유류의 총칭으로 쥐류라고도 한다. 몸길이가 5~7센티미터 정도로 매우 작은 것부터 남아메리카에 사는 캐피바라와 같이 1미터가 넘는 것까지 있다. 약 1600종 이상으로 포유류 중에서 가장 종류가 많고, 외형이나 습성도 다양하다.

아플로리니엥(haplorhinien) 그리스어에서 유래한 단어로 'aploos'는 '단일한' 혹은 '단순한'이라는 의미이며, 'rhinos'는 코를 의미한다.

성잇과의 두 그룹으로 나뉜다. 꼬리 있는 원숭이들은 나뭇가지 위에서나 지상에서나 모두 네 다리로 이동한다. 이들 중에서 덩치가 작은 원숭이들은 현란한 동작으로 나뭇가지 사이를 매달려 옮겨다닌다. 덩치가 클수록 떨어질 때 많이 아프기 때문에 나뭇가지를 손과 발로 꼭 붙잡고 더 신중하게 행동한다. 물론 그렇게 해도 땅으로 떨어지는 경우는 있게 마련이다.

체격이 큰 원숭이들은 포식 동물과 마주했을 때 한결 유리하다. 또한 지상에서 중심을 잡으려고 신경 쓰지 않아도 되기 때문에 더 자유롭게 움직일 수 있다. 사지는 성큼성큼 걷기에 알맞도록 끝 부분이 길게 발달돼 있고 꼬리는 짧다.

꼬리 있는 원숭이 중 가장 작은 것은 서아프리카의 탈라포인원숭으로 몸무게가 1킬로그램을 조금 넘으며, 가장 큰 것은 비비로 수컷 가운데에는 40킬로그램에 육박하는 것도 있다. 이렇게 큰 원숭이가 무리 지으면 강력한 송곳니가 있는 포식자도 제압할 수 있다. 덜 자란 표범이 덩치 큰 원숭이 무리를 보고 재빨리 도망가는 모습은 아주 인상적이다.

거듭 말하지만 우리는 원숭이의 세계에서 살고 있다. 그들의 세계는 1000만 년 전부터 계속 커 나가고 있다. 울창한 삼림 지역, 나무가 조금 있는 사바나 지역, 고위도에 위치한 스텝 지역, 숲 속의 산악 지역, 넓디넓은 대초원 지역, 반사막 지역,

그리고 혹독하게 추운 지역 등 어디에서나 원숭이들을 발견할 수 있다. 이것은 꼬리 없는 원숭이인 인간이 오랫동안 힘겹게 개척해서 이루어 낸 결과이다.

꼬리 없는 원숭이는 어떤 특징이 있을까?

인간이 속해 있는 꼬리 없는 원숭이, 즉 성성잇과 원숭이들을 더 자세히 살펴보자. 긴팔원숭이, 오랑우탄, 고릴라, 침팬지, 보노보,* 인간은 매우 독특한 해부 구조를 갖고 있다. 인간의 흉곽은 가슴뼈와 척추 사이가 별로 깊지 않은 반면, 옆구리 사이는 상대적으로 넓다. 어깨뼈는 등에 위치하며 긴 쇄골과 연결되어 유연하고 높이 솟은 어깨 관절을 형성한다. 덕분에 머리 위로 팔을 뻗거나 매달리는 동작을 할 수 있다.

인간을 제외한 나머지 원숭이들은 팔이 다리보다 더 길고

● ● ●

보노보 영장목 성성잇과의 포유류로 피그미침팬지라고 불린다. 침팬지 중에서는 몸집이 작은 편으로 몸길이는 수컷이 73~83센티미터, 암컷이 70~76센티미터이다. 중앙아프리카의 콩고 강과 카자이 강 유역에 서식한다.

그 끝에는 길쭉하고 안쪽으로 굽혀지는 손가락이 있다. 팔꿈치 관절이 매우 발달해서 경첩 관절을 이루는데, 인간은 예외적으로 테니스엘보에 걸린다. 허리 부분은 대여섯 개의 등골뼈로 구성된다.

사람은 진화 과정에서 팔이 약간 짧아졌고, 반면에 다리와 무릎 경첩 관절은 두 발로 걷기 편하도록 길어졌다. 모든 성성잇과는 운동 기관이 놀라울 정도로 다양하다. 동남아시아의 긴팔원숭이는 나뭇가지를 양손으로 번갈아 매달리며 건너가는 브래키에이션을 능숙하게 한다. 이들은 가장 작은 성성잇과 동물로서 낮에는 나무 꼭대기에서 시간을 보낸다. 그리고 지상으로 내려오면 몸을 일으키고는 장대로 균형을 잡듯 긴 양팔을 움직이며 걷는다.

수컷이 약 90킬로그램까지 나가는 오랑우탄은 나무에 사는 가장 큰 포유류이다. 이들은 사지를 네 개의 팔처럼 자유자재로 사용하며 이동한다. 이러한 사지의 관절 덕분에 오랑우탄은 기동성이 아주 뛰어나다. 인도네시아 수마트라와 보르네오의 오랑우탄 같은 거대 원숭이들은 지상에 내려오는 경우가 매우 드문데, 직립보행을 할 줄 모르고 네 발로 이동한다.

침팬지는 아주 잘 매달린다. 굵은 나뭇가지 위에서는 지상에서처럼 몸을 일으켜서 걷기도 하며, 땅에서도 매우 편안하게 행동한다. 침팬지 역시 지상에서 네 발을 사용하여 걷는다. 앞다리의 첫 번째와 두 번째 관절뼈 사이의 관절을 땅에 디디며 걷는 이 방법을 '네발 걷기'라고 부른다. 이것은 침팬지, 보노보, 고릴라 등 아프리카의 거대 원숭이들이 공통적으로 보이는 특이한 보행 습관이다.

보노보는 다른 침팬지들보다 몸통이 작고 사지가 길며 나무 위에서 쉽게 이동히는데, 놀라운 것은 네발 걷기를 하면서도 어떤 경우에는 땅에서 두 발로 능숙하게 걷기도 한다는 것이다. 고릴라는, 특히 수컷의 경우, 거대한 몸집 때문에 대부분 지상에서 지낸다. 이는 나무에 매달릴 줄 몰라서가 아니라 가지가 고릴라의 몸무게를 버티지 못하고 부러지기 때문이다. 지상에서 고릴라는 네 발로 걸으며 두 발로는 거의 걷지 않는다.

반면 인간은 직립보행을 하는 특별한 경우로 매달릴 줄도 알며, 숲 속에서 과일이나 꿀을 채집하거나 새집에서 알을 꺼낼 때, 이웃집 체리를 훔칠 때, 또는 전선을 고칠 때 나무 기둥을 타기도 한다. 아기였을 때나 술에 잔뜩 취했을 때를 제외하고 네 발로는 거의 걷지 않는다.

지금까지 두발 걷기, 네발 걷기, 매달리기, 브래키에이션 등 여러 가지로 특화된 거대 원숭이들의 다양하고 유연한 이동 방법을 살펴보았다. 물론 인간은 두발 걷기 외에는 다른 이동 방법을 모두 버린 아주 특별한 경우이다. 이런 까닭에 인간들은 스스로를 아직도 나뭇가지에 매달려 사는 거대 원숭이들과 별개의 존재인 것처럼 믿고 있다. 하지만 유전자 검사 결과는 그 믿음이 잘못됐다는 것을 보여 주고 있다.

인간은 어떤 원숭이와 더 가까울까?

종들을 분류하는 학문을 **계통학**이라고 한다. 계통학은 18세기에 생겨난 이후, 각 종들의 해부학적인 특징을 비교하여 그것을 근거로 분류를 해 왔다. 린네[*] 덕분에 우리는 거대 원숭이들과 인간이 매우 가까운 관계라는 사실을 알게 되었다. 그런데 여전히 우리는 다른 원숭이들을 비인간 영장류라는 울타리 안에 몰아넣고, 인간은 인간 영장류라는 독자적인 위치에 있다고 믿는다. 그러나 이와 같은 이분법은 아무 의미가 없다.

● ● ●

칼 폰 린네(1707~1778) 스웨덴의 식물학자. 근대 분류법의 창시자이며, 속명과 종명을 나란히 쓰는 이명법을 고안하였다. 이명법은 오늘날까지도 생물학의 기본적인 분류 체계로 사용되고 있다. 대표적인 저서로는 『자연의 체계』, 『비판적 식물학』, 『식물학 철학』 등이 있다.

인간의 몸을 해부학적인 측면에서 보면, 꼬리 있는 원숭이와 꼬리 없는 원숭이가 동일한 그룹에 속한다는 것은 의심의 여지가 없다. 하지만 이 그룹 안으로 들어가면 이야기가 완전히 달라진다. 긴팔원숭이는 독자적인 계보를 이루고 있는데, 그 기원이 불확실하다. 나머지는 인간을 포함한 거대 원숭이들이다. 앞에서 이미 이야기한 바 있지만 오랑우탄, 고릴라, 침팬지, 보노보는 인간을 제외한 성성잇과로, 그리고 유일하게 인간만을 사람과(hominidae)로 분류하고 있다.

그러나 유전적 특성, 다시 말해서 인간의 유전자를 구성하는 DNA(디옥시리보핵산)*을 발견한 이후, 계통학은 분자들의 공통점을 고려하게 되었고 이로부터 **분자 계통학**이라는 새로운 분야가 생겨났다. 그 결과 놀라운 일이 일어났다. 이번에는 인간을 제외한 성성잇과 중에서 오랑우탄만 혼자 떨어져 나오게 된 것이다. 이제 성성잇과에는 인간과 아프리카에 사는 다른 거대 원숭이들이 속하게 되었다.

꼬리 없는 원숭이, 즉 성성잇과와 관련된 더욱 흥미로운 사

* * *

디옥시리보핵산 염기 · 디옥시리보오스 · 인산이 한 분자씩 연결되어 만들어진 핵산(뉴클레오티드)의 일종으로 유전자의 본체이다.

원숭이는 인간의 먼 조상이라기보다 현대를 함께 살아가는 형제라고 할 수 있다.

실은, 침팬지와 보노보가 고릴라보다 인간과 더 가깝다는 사실이다. 침팬지와 보노보는 인간과 유전자가 98.2퍼센트 동일하다. 이 사실로 인해서 인간의 유연 관계*가 압축되었다. 즉 침팬지와 보노보는 인간의 형제인 반면, 고릴라는 침팬지와 보노보의 사촌이며 동시에 인간의 사촌이라는 것이다. 세 형제 중에 둘이 다른 하나보다 더 가깝다는 말이다. 어째서 그렇게 되었는지는 지금으로선 명확히 설명할 수가 없다.

어쨌든 인간은 원숭이, 더 정확히 말하자면 꼬리 있는 원숭이 무리와는 거리가 먼 아프리카의 거대 원숭이들에 속해 있기 때문에 '인간이 원숭이로부터 나왔다.'라는 표현이 얼마나 바보 같은 것인지 알 수 있다. 인간이 침팬지와 보노보의 형제라는 것은 500만 년에서 800만 년 전쯤 아프리카 어딘가에 살았던 단 하나의 조상으로부터 비롯되었다는 뜻이다. 가족을 다시 만난다는 것은 즐거운 일이다. 그렇지 않은가? 게다가 침팬지와 보노보도 인간처럼 유머가 있고 웃기도 한다. 함께 웃으며 가족사진을 찍어도 좋을 것이다. 여기에서부터 시작해 보자.

● ● ●

유연 관계 생물을 분류할 때, 발생 계통 가운데 여러 가지 생물이 서로 어느 정도 가까운가를 나타내는 관계.

2

원숭이와 인간의
외모는 얼마나 비슷할까?

원숭이의 얼굴은 인간과 얼마나 닮았을까?

협비원류는 인간처럼 32개의 치아(앞니 8개, 송곳니 4개, 앞어금니 8개, 어금니 12개)를 갖고 있다. 수직으로 난 앞니는 과일처럼 한 입에 삼킬 수 없는 커다란 음식 덩어리를 자르는 역할을 하고, 그다음에 어금니를 사용하여 음식물을 분쇄한다.(여러분이 매일같이 하는 일이다.) 송곳니는 음식을 씹는 일에 관여하지 않는다. 적을 견제할 때 사용하며, 수컷 사이에 경쟁이 치열할수록 더 많이 발달한다.(인간이 비록 야심을 가진 존재라 할지라도 이 측면에서는 그 기능이 약화되어 있다.)

원숭이의 눈은 정확히 코의 뿌리 부분 양쪽에 위치한다. 덕분에 입체적인 영상을 잘 볼 수 있으며, 나무에서 이동할 때도 매우 유용하다. 또한 후두엽에는 시각 정보를 처리하는 부분이 넓게 펼쳐져 있어 매우 치밀하게 기능한다. 주행성 동물인 원숭이는 낮에는 시야가 아주 뚜렷하지만 밤에는 코앞도 분간하지 못한다. 고양이나 개와 같은 포유류들에 있는 타피툼 루시둠*이라는 망막 뒤에 위치한 반사판이 없기 때문이다. 눈 사이의 간격이 가깝다 보니 눈이 얼굴의 정면에 위치하게 되었고, 그 결과 코 기둥의 폭이 줄어들면서 후각은 거의 발달하지 않았다. 눈구멍은 안구를 완전히 둘러싸서 하나의 방 속에 보호하며, 뒤편에는 커다란 두개*가 위치한다. 이런 이유로 같은 크기의 다른 포유류에 비해 원숭이의 뇌는 매우 발달했다.

짧고 강한 32개의 치아, 얼굴 정면에 위치한 눈, 상대적으로 발달한 뇌, 이러한 특징들 때문에 원숭이는 인간으로 착각할 만큼 얼굴이 흡사하다. 입과 코도 마찬가지이다. 개의 코가 윤기 있고 약간 차가운 피부로 되어 있는 것이나, 다른 포유류의

●　●　●

타피툼 루시둠 밤에 고양이 눈에서 빛이 나는 것이 이것 때문이다. 이것은 망막 뒤에 있는 특수한 시각층으로 마치 거울 같은 작용을 한다. 빛은 망막을 자극하며 통과한 뒤, 타피툼 루시둠에 부딪혀 다시 망막을 통해 반사된다. 이 작용은 동물을 볼 수 있는 기회를 두 차례 줌으로써 빛이 충분치 않은 밤에도 잘 볼 수 있도록 해 준다.
두개 척추 동물의 머리 부분의 골격. 뇌수와 감각 기관 따위를 담고 있는 뇌 두개골과 얼굴 면을 이루고 있는 안면 두개골로 나눈다.

콧구멍 주변이 분비선이 다량으로 분포된 매끈한 피부로 덮여 있는 것과 달리, 원숭이의 코는 경계선이 뚜렷한 콧구멍이 뚫려 있으며 코의 피부도 얼굴 피부와 같다.

고양이를 비롯한 다른 포유류에게 있는 길고 예민한 감각모[*] 또한 원숭이에게는 없다. 다른 포유류들이 감각모를 움직이는 데 사용하는 근육을, 원숭이들은 얼굴 표정을 짓는 데 사용한다. 그래서 원숭이들은 남의 표정을 잘 흉내 낸다. 특히 얼굴 한복판에 털이 없어서 매우 풍부한 표정을 만들 수 있다. 여러분도 아침마다 목욕탕 거울에 비치는 자신의 얼굴을 포함해서 매일 만나는 다른 원숭이, 즉 인간들에게서 비슷한 표정을 찾아볼 수 있을 것이다.

원숭이는 신체를 어떻게 사용할까?

원숭이는 각각 다섯 개의 손톱과 손가락, 발톱과 발가락이

●●●●

감각모 포유류의 입 부근과 눈 위에 나 있는 긴 털로서, 촉각·후각 또는 청각을 담당한다.

달린 사지를 갖고 있다. 원숭이는 엄지와 검지를 사용해 집게를 만들거나 가지를 붙잡는 등 자유자재로 손가락과 발가락을 사용한다. 엄지손가락과 엄지발가락은 다른 네 개의 손가락이나 발가락과 마주보도록 만들 수 있다.(인간의 발은 생각하지 말자.) 발목뼈 부위, 즉 발뒤꿈치가 있는 부분은 길고 강력하여 나뭇가지나 나무 기둥에서 도약할 때 강력한 추진력을 발휘한다.

원숭이가 지상에서 네 발로 이동할 수 있는 것은, 골반이 어깨보다 높은 곳에 있기 때문이다.(물론 직립보행을 하는 인간이나 몸을 반쯤 일으키고 걷는 거대 원숭이의 경우는 예외이다.) 게다가 신체의 무게 중심이 골반 가까이 있어, 이동할 때 제어하기가 아주 쉽다. 인간과 매달리는 거대 원숭이들을 제외한 모든 원숭이에게는 꼬리가 있다. 꼬리는 이동할 때나 가지 위에 앉을 때 또는 무게 중심을 아래쪽으로 향하게 해서 몸의 균형을 잡을 때 사용한다. 사회적 상호 작용에도 꼬리를 사용하는데, 높이 들거나 내리거나 흔드는 등 여러 가지 방법으로 자신의 영역을 표시한다.(인간의 경우 역시 이러한 세부 사항은 생각하지 말자.)

3

원숭이는
어떻게 살아갈까?

원숭이는 무엇을 먹고 살까?

원숭이는 나무에서 과일과 나뭇잎, 곤충, 꽃 등의 음식을 구한다. 때문에 계절과 상관없이 언제나 나무에서 나뭇잎을 얻을 수 있는 열대 지방에서 주로 산다. 극단적인 조건에서 사는 꽤 모험적인 원숭이들로는 일본의 마카크원숭이, 북아프리카 아틀라스 산맥에 사는 붉은털원숭이, 에티오피아 고원의 초원에 사는 겔라다비비, 에티오피아와 사우디아라비아의 건조 지역에 사는 망토개코원숭이 등이 있다. 지구상의 모든 위도와 고도에서 살 수 있고, 달에도 발을 내디뎠으며, 곧 화성에도 가게 될 유일한 거대 원숭이는 바로 인간이다.

원숭이들은 맛있는 음식을 먹는다. '침팬지와 바나나'라는 판에 박힌 공식은 잊어버리자. 원숭이는 기본적으로 **과일을 먹**

는 동물이다. 여기에 단백질을 보충하기 위해서 작은 종의 원숭이들은 곤충을, 큰 종의 원숭이들은 어느 정도 익은 나뭇잎을 먹기도 한다. 인간은 모든 종류의 과일, 나뭇잎, 꽃, 곤충, 알, 꿀, 고무, 고기(조류나 작은 포유동물) 등을 먹는다.

이렇게 다양한 음식을 섭취하는 동물 외에 **잎을 먹는 동물**도 있다. 마카크원숭이, 긴꼬리원숭이, 비비, 침팬지, 인간과 같은 과일을 먹는 동물은 과일을 물어뜯기 쉽도록 앞니가 발달했다. 뜯어낸 과육을 씹는 데에는 어금니를 사용한다. 어금니는 두꺼운 법랑질로 덮여 있고 치아의 머리 부분은 요철이 심하지 않다. 원숭이들이 주로 먹는 과일이나 어린 잎사귀, 곤충 등은 소화하기 쉽기 때문에 위는 복잡할 필요 없이 단 하나의 주머니를 갖고 있다. 그리고 꽤 긴 작은창자와 적당한 크기의 큰창자가 있다.

잎을 먹는 동물은 잎사귀를 입 안으로 집어넣는 데 앞니를 거의 사용하지 않기 때문에 앞니의 크기가 상대적으로 작다. 어금니는 더 얇은 법랑질로 덮었고 치아머리 부분은 날카로운 요철 모양에다 장방형이다. 치아에는 자르는 작용을 하는 돌기

● ● ●

법랑질 이의 표면을 덮어 상아질을 보호하고 있는 단단한 물질.

가 있어서 소화가 잘 되지 않는 나뭇잎 조직에서 단백질, 탄수화물을 쉽게 분쇄한다. 잎을 먹는 동물은 소화를 하는 데 시간이 더 오래 걸린다.

음식에 따라 원숭이의 생활 방식이 달라질까?

과일을 먹는 동물인가 잎을 먹는 동물인가에 따라 삶이 더 풍요롭기도 하고 그렇지 않기도 하다. 잎을 먹는 원숭이는 작은 무리를 형성하며, 나뭇잎을 쉽게 구하기 위해 나무로 둘러싸인 구역에서 살아간다. 공간을 많이 차지하지도 않고 많이 이동하지도 않는다. 낮 시간은 주로 영양분이 적고 소화하는 데 시간이 많이 걸리는 음식을 씹고 소화시키면서 보낸다. 미각이 그다지 세련되지 않아서, 탄닌˚이나 스트리크닌˚처럼 불쾌한 맛이 나는 화합물도 꺼리지 않는다. 잎을 먹는 원숭이들은 무미건조한 삶을 산다. 사회적 상호 작용 또한 별로 없다.

● ● ●

탄닌 식물의 열매 및 잎이나 줄기 등에 널리 퍼져 있는 성분으로 떫은 맛과 관계가 있다.

입 안과 위에 항상 먹을 것을 가득 담고 무엇을 할 수 있겠는가? 뇌도 별로 발달하지 않았다. 이는 잎을 먹는 동물의 슬픔이다.

과일을 먹는 동물의 삶은 보다 다채롭다. 이들은 많은 수가 큰 무리를 이루며, 훨씬 넓은 영역을 개척하면서 살아간다. 이들이 먹는 음식, 특히 과일은 계절이나 나무에 따라 달라지기 때문에 자주 이동을 해야 한다. 뿐만 아니라 다양한 나무에 각각 언제 과일이 열리는지 파악할 만큼 지능과 판별력도 있어야 한다.(무역상이 전략을 짜는 것과도 같다.) 이 원숭이들은 음식을 구하기 위해서 더 많은 에너지를 소비한다. 물론 영양분과 열량 면에서 뛰어난 음식들이기 때문에 그럴 만한 가치가 충분히 있다. 이렇게 음식에 공을 들이는 것은, 단맛과 감미로운 맛을 식별하는 미각이 발달했기 때문이다. 과일을 먹는 동물들의 이런 활동적인 생활 방식은 복잡한 사회적 상호 작용과 연결되고, 환경에 대한 올바른 지식을 필요로 하기 때문에 상대적으로 뇌도 발달하게 된다.

● ● ●

스트리크닌 마전(馬錢)의 씨에 들어 있는 알칼로이드 성분. 독성이 강하며, 흥분제나 강심제 등 신경 자극제로 쓰이기도 한다.

놀랍게도 원숭이는 고기도 먹는다. 운이 좋을 때 우연히 작은 먹잇감을 잡기도 하고, 암컷보다 훨씬 큰 수컷 비비 같은 경우는 제대로 된 사냥을 하는 훌륭한 사냥꾼이기도 하다. 수컷들은 고기를 먹는 즐거움을 위해서 사냥을 하기도 하지만, 암컷에게 고기를 주어 유혹할 목적으로 사냥을 하기도 한다.(인간 남자 중에도 이런 목적만을 위해 여성을 초대하는 경우가 있지 않은가?)

인간을 제외하면 침팬지는 원숭이 중 먹이사슬에서 가장 위에 위치한 포식자이다. 고기는 특히 건기 동안 아주 훌륭한 먹잇감이 된다. 또한 사냥은 무리의 수컷과 암컷들까지 불러 모으는 오락의 역할을 한다. 몰이에 참가한 구성원은 자기 몫의 먹이를 분배받으며, 암컷의 경우 성적인 매력이 있으면 사냥에 참가하지 않았더라도 고기를 얻을 수 있다. 고기는 나누어 가질 수밖에 없는 음식이기 때문에 이러한 사회적인 행동들을 야기한다. 사실 인간의 식사도 이와 별로 다르지 않다.

원숭이는 어떻게 짝짓기를 할까?

대부분의 동물에게 성(性)은 오직 번식과 관계가 있는 행위

수컷 원숭이는 매력적인 암컷에게 사냥한 고기를 주며 유혹하기도 한다.

이다. 1년 중 일정 기간 동안 암컷은 발정을 하고 페로몬$^{\bullet}$이라는 화학 물질을 발산한다. 이 메시지를 받은 수컷은 아무 감정 없이 교미를 한다. 몇몇 종의 원숭이들도 이런 식으로 교미를 하지만, 그것은 예외적인 경우이다. 마카크원숭이는 계절이 뚜렷이 구분되는 지역에 사는데, 짝짓기를 특히 활발히 하는 시기가 있음을 확인할 수 있다. 그 결과 대부분의 포유류처럼 새끼들은 봄이나 초여름에 태어난다. 그렇지만 일반적으로 원숭이들은 열대 지방에서 살기 때문에 번식기가 따로 있는 것은 아니다. 암컷이 임신할 수 있는 기간, 즉 **발정기**는 1년 내내라고 할 수 있다. 따라서 무리 안의 수컷은 암컷이 예민한 시기가 되면 바로 다가가기 위해 기회를 엿본다.

생식기의 해부 구조는 종에 따라 매우 다양하다. 외음부의 피부에는 털이 없고 한 쌍의 음순이 있으며 이 부분은 가끔 크게 부풀어 오른다. 수컷의 고환 크기는 매우 다양하다. 브라상스$^{\bullet}$의 노래와는 달리, 고릴라처럼 한 마리의 수컷이 성적 독점권을 갖는 경우에는 고환과 음경이 거의 발달하지 않는다. 반

● ● ●

페로몬 같은 종(種) 동물의 개체 사이의 커뮤니케이션에 사용되는 체외 분비 물질.

면에 많은 개체가 뒤섞여서 암컷을 차지하기 위해 경쟁을 해야 하는 경우에는 고환이 매우 발달한다. 인간을 제외하고 그들의 음경은 포피 안에 있다. 유일하게 수컷 보노보와 인간에게는 바쿨룸*이라는 음경골이 없다. 다른 종들은 연골 모양의 기다란 줄기가 있어 음경이 발기했을 때 이를 딱딱하게 유지해 준다. 보노보와 인간에게는 이 음경골이 없어서 다양한 자세를 취할 수 있으며, 상황에 따라 유연하게 적응하며 짝짓기를 할 수 있다.

암컷 원숭이는 발정기 때 생식기가 눈에 띄게 부풀어 오르고 분홍색이나 선홍색을 띠기 때문에 쉽게 알 수 있는 반면(수컷이 이런 신호를 놓칠 리가 없다.) 인간 여성을 비롯한 몇몇 예외적인 종은 생식기를 숨기고 있다. 이런 경우 가임 상태를 확인할 수 있는 후각이나 시각적인 징후가 전혀 없다.

특히 인간 여성의 경우는 직립보행을 하고 생식기가 음모로 모두 가려져 있어 더욱 그렇다. 따라서 인간 여성과 남성은 번

● ● ●

조르주 브라상스(1921~1981) 프랑스의 작곡가이자 작사가이며 가수. 재기 넘치는 시적인 노래를 주로 불렀다. 그의 노래 중에 「고릴라」라는 곡이 있다.
바쿨룸 라틴어로 지팡이라는 뜻.

식을 위해 연애라는 과정을 거칠 수밖에 없다. 이와 관련해서 젊은 여성들이 생식력이 고조에 이르는 시기에 더 자주 나이트클럽에 가고 파트너를 적극적으로 유혹한다는 연구 결과도 있다.

비록 여성의 생식기는 감추어져 있지만 털이 없는 매끈한 피부, 엉덩이와 가슴의 굴곡, 그리고 유혹하는 눈빛 등 신체적인 특징을 통해 성적인 표현을 한다. 남성의 경우 숱이 많은 체모와 강한 어깨, 굵은 목소리, 그리고 거리낌 없이 노출된 음경과 고환 등이 같은 역할을 한다. 여성과 남성은 때로 성적으로 흥분한 한 쌍의 벌거벗은 원숭이가 되곤 한다.

원숭이는 사회적인 성향이 매우 강한 편이다. 긴 수명과 오래 지속되는 유아기가 그 원인이다. 한 쌍의 유방이 있는 암컷은 여러 달의 임신 기간을 거쳐 한 번에 한 마리씩 새끼를 낳는다. 새끼는 종에 따라서 두 살에서 다섯 살까지 어미 곁에 머문다. 이처럼 긴 어린 시절에 새끼는 형제자매 및 무리의 다른 구성원들과 상호 작용의 범위를 점차 넓혀 나가고, 복잡한 사회적 행동을 익히게 된다.

어미 입장에서는 어린 새끼를 키우려면 많은 희생을 해야 한다. 번식을 확실히 하기 위해서 암컷은 평생 적어도 열 번은 임신을 한다. 교미 파트너를 고를 때도 신중을 기하며 음식을 조절하기도 한다. 따라서 모든 어미와 딸, 자매, 사촌, 고모와 이모 등 인척 관계에 있는 암컷을 중심으로 사회적인 체계가 형성되며, 수컷은 이웃 무리에서 구한다. 즉 원숭이들은 근친 교배를 하지 않는다.

일반적으로 암컷 원숭이는 **동계 교배**˚를 하고 수컷 원숭이는 **이계 교배**˚를 한다고 알려져 있다.(인간, 침팬지, 보노보의 경우, 수컷은 동계 교배를 하고 암컷은 이계 교배를 하기 때문에 이러한 규칙에서 예외이다. 인간과 침팬지의 경우는 이로 인해 공동체 간에 전쟁을 하는 극적인 결과로 치닫기도 한다.) 그렇지만 이러한 일반론을 떠나서, 우리는 원숭이들의 아주 다양한 사회 체계를 관찰할 수 있다.

긴팔원숭이와 같은 **일부일처제** 종의 경우, 새끼는 독점적인 영역에서 부모와 함께 자라고 교미는 드물게 이루어진다. 한편 마카크원숭이나 개코원숭이와 같이 한 무리 안에 여러 마리의 성년 암컷과 수컷이 살고 있는 종들은, 암컷이 여러 마리의 수컷과 교미한다. 암컷이 비록 몇몇 상대를 특별히 선호한다 할

● ● ●

동계 교배 동일 계통에 속하는 개체 간의 교배.
이계 교배 종류는 같으나 계통이 서로 다른 종 간의 교배.

지라도 다른 수컷들과도 계속 교미를 한다. 암컷의 행동은 이렇게 해석할 수 있다. 즉 파트너를 여럿 가짐으로써 각각의 수컷들이 자신이 새끼의 아버지라는 환상을 갖게 하여, 새끼들이 그들로부터 공격당할 위험에서 벗어나 오히려 그들의 보호를 받도록 한다.

수컷 한 마리가 암컷 여러 마리와 짝을 이루어 성적 독점권을 갖는 소위 **일부다처제** 종의 경우는 더 흥미진진하다. 수컷이 이런 지위에 오르고 나면, 짝이 없는 다른 수컷들이 주변을 어슬렁거리기 때문에 심한 스트레스에 시달리게 된다. 이것은 인간 세계의 하렘*과도 비슷한데, 하렘의 주인을 대상으로 호르몬과 신체 검진을 한 결과 엄청난 스트레스 때문에 생긴 궤양을 발견했다고 한다. 실제로 이러한 수컷들이 번식할 가능성은 그리 크지 않다. 다른 수컷이 이 수컷을 쫓아내고 나면 아직 젖을 떼지 못한 이 수컷의 새끼들은 죽음을 당한다. 그렇게 되면 암컷들은 수유가 중단되고 다시 가임 상태가 된다. 이러한 종들은 교미를 매우 드물게 한다. 확실히 하렘의 삶은 수컷에게

●●●

하렘 이슬람 세계에서 가까운 친척 이외의 일반 남자들의 출입이 금지된 장소로, 보통 궁궐 내의 후궁이나 가정의 내실을 가리킨다.

나 암컷에게나 그리 즐거운 것이 못 된다.

원숭이는 종에 따라 다양한 성애와 번식을 보여 준다. 교미를 가장 좋아하는 종들은 침팬지, 보노보, 인간이다. 침팬지의 경우, 암컷은 배란기가 정점에 달할 즈음의 몇 주가 교미를 받아들이는 시기이다. 우두머리 수컷은 암컷의 생식기가 눈에 띄게 부풀기 전에는 다른 수컷들이 가까이 가는 것을 허용한다. 그렇지만 이는 다른 수컷들보다 자신의 유전자를 더 잘 퍼뜨리도록 하는 행동 원칙에 위배되는 것이다.

일부일처제 종이나 일부다처제 종이나 수컷들은 모두 다른 수컷들을 몰아내려고 노력하지만, 침팬지의 경우는 이것이 불가능하다. 그래서 침팬지는 커다란 크기의 고환을 갖고 있다.(이런 까닭에 그리스·로마 신화에서는 침팬지에게 호색한 숲의 신 '판'의 이름을 붙였다.) 고환이 가장 발달한 수컷은 더 많은 양의 정자를 제공할 수 있어서 다른 종들에 비해 유리하다.

'카마수트라 원숭이'라는 별명을 가진 보노보 원숭이는 그 이름값을 하는 성생활 때문에 비교 행동학과 대중 매체에 자주 등장한다. 보노보 원숭이는 다양한 자세로 교미를 할 수 있으며, 서로 마주보면서 교미하기도 한다. 암컷은 질이 앞쪽으로 향해 있어 오랜 시간 성교를 할 수 있다. 보노보 원숭이들에게 성은 번식의 기능만을 담당하는 것이 아니다. 성을 통해 사회적인 긴장을 조절하고, (동성애를 포함하여) 파트너 간에 결속을 다지기도 한다.

지금까지 살펴본 것에 따르면, 원숭이 수컷과 암컷은 번식을 위해 각기 다른 전략을 사용하고 있음을 확인할 수 있다. 수컷은 암컷의 동의가 있어야만 짝짓기를 할 수 있기 때문에 우두머리 수컷 침팬지가 배란기의 암컷을 독점할 때는 어쩔 수 없이 긴장감이 감돌게 된다. 유일하게 오랑우탄만 우두머리가 아닌 젊은 수컷들이 종종 강간을 자행하기도 한다. 이 경우 번식을 위한 본능에서 나온 행위라 할 수 있지만, 인간은 그저 단순한 폭력으로서 강간을 저지른다. 인간만이 이처럼 부끄러운 속성을 보유한 것이다.

인간은 어떻게 다른가? 인간 여성과 남성은 상대적으로 안정된 짝을 이루며, 드물게는 하렘에서와 같이 일부다처제를 이루거나 반대로 일처다부제를 형성하기도 한다. 여성과 남성은 상대방에 대한 성적 독점권을 지키려고 노력한다. 물론 사회적 공동체 속에서 다른 남성과 여성을 만나며 이런저런 문제들이 생겨날 수 있다. 살면서 상대가 계속 바뀌기도 하고 때로는 동시에 여러 명을 만나기도 하지만, 남녀 한 쌍으로 이루어진 부부의 삶이 가장 보편적이다.

여성은 성적 수용 시기가 따로 없기 때문에 성관계는 빈번히 이루어진다. 이런 관계를 통해 남녀의 관계가 돈독히 다져지고, 아이를 낳아 교육을 시키는 수년 동안 유대 관계를 유지하는 데 도움이 된다. 남성에게 달린 적당한 크기의 고환은 일부일처제에 알맞으며, 한편으로는 수컷들 사이의 경쟁에도 적합하다. 즉 우리 인간의 일부일처제는 상대적인 것이다.

원숭이들에게도 문화가 있을까?

'원숭이처럼 약아빠졌다.'라는 말이 있지만 실제로 원숭이는 종에 따라 지능이 천차만별이다. 그러나 비슷한 크기의 다른 포유류에 비해 원숭이는 상대적으로 뇌가 발달했다. 뇌의 크기와 지능의 상관관계를 말하기 전에 먼저 주목할 것은, 원숭이들이 이루는 무리의 크기와 그 안에서 이루어지는 사회적인 상호 작용의 정도가 지능과 큰 관련이 있다는 사실이다. 인간과 마찬가지로, 원숭이의 삶에서 가장 중요한 것은 타인과의 관계라는 것이다. "지옥, 그것은 타인이다!"*라는 말도 있듯이 말이다.

인류학자들은 원숭이가 얼마나 도구를 잘 사용하는가, 또는 주어진 과제를 얼마나 성공적으로 이행하는가를 통해서 지능을 측정하려 하지만, 이런 것은 지능의 한 부분만을 설명해 줄 뿐이다. 즉 한 분야에서 뛰어난 지능을 발휘했다면 다른 분야에서도 그럴 것이라고 예상하는 것이다.

사회적 지능은 무리에 속한 개체 간의 관계에서 잘 나타나며, 종종 속임수를 동반하기도 한다. 여기저기 흩어져 있는 음식을 찾아 효과적으로 이동하는 법, 포식자를 피하는 법, 안전한 피난처를 찾는 법 등 주어진 환경에서 살아남기 위해 어쩔 수 없이 취하는 행동들은 확실히 사회적 지능과 연관된다.

원숭이들이 모두 시끄럽게 떠들며 야단법석을 피우는 것은 아니다. 원숭이는 무리 내에서 의사 전달을 하거나 무리 간에 소통을 하기 위해 음성을 사용한다. 복종, 경고, 흥분 등의 감정을 나타내는 음성은 관습화되어 있다. 아프리카 베르베트원숭이의 경우 경고를 알리는 소리만 해도 명확히 다른 세 가지 음성으로 구분된다. 하나는 독수리 같은 공중 포식자의 위협을 알리는 소리이고, 다른 하나는 표범과 같은 지상의 포식자가 다가올 때의 경고 신호이며, 마지막 하나는 파이톤*이 가까이

● ● ●

지옥, 그것은 타인이다 프랑스 실존주의 작가 사르트르의 작품 「닫힌 방」에 나오는 인물 가르생의 대사로, 사르트르의 존재론을 설명하는 유명한 문장이다.

왔을 때 알리는 신호이다. 이런 경고음을 내는 일은 어린 원숭이가 맡는다.

이처럼 원숭이의 음성에는 많은 정보가 담겨 있다. 소리 지르는 개체의 사회적 위치나 나이에 따라서 다른 구성원들이 답하는 방식 또한 달라진다. 확실히 원숭이들은 우리가 생각하는 것보다도 훨씬 더 많은 것을 이야기하지만, 우리가 그것을 모두 이해할 순 없다.

원숭이는 음성만으로 소통을 하지 않는다. 태도나 표정, 몸짓, 시선 등 복잡하고 다양한 소통 수단을 고루 사용한다. 어떤 무리에서든지 각 개체는 다른 개체에게 신호를 보내지 않고 다가갈 수 없다.(이건 어떤 동물의 세계에서든 마찬가지다). 계급이 확실하게 나누어져 있는 경우 특히 그러하며, 사회적 습성이 발달한 종들의 경우에는 훨씬 더 민감하다. 원숭이들은 우정을 나누거나 동맹을 맺을 때, 배반이나 공격을 당할 때, 그리고 화

● ● ●

파이톤 뱀목, 왕뱀속에 속하는 아시아, 아프리카의 뱀으로 독이 없어 먹이를 몸으로 조여 질식시킨다. 말레이시아 반도에 서식하는 그물 무늬 파이톤은 길이가 7~10미터이며, 무게가 100킬로그램에 달한다. 현재 지구상에 존재하는 뱀들 중 가장 큰 뱀이다.

해를 할 때 등 다양한 상황 속에서 몸짓과 발성 등을 동원해 감정을 표현한다.

특히 상대편의 몸에서 이를 잡아 주는 행위는 사회적으로 중요한 역할을 한다. 누가 어떤 방법으로 이를 잡느냐에 따라서 개체 간의 관계를 파악할 수 있다. 이 잡기는 인간의 대화나 수다와도 같다. 마치 미장원에서 잡담을 나누는 것과도 유사한 것이다. 실제로 중세의 수도원에서는 이 잡는 시간에만 말을 주고받을 수 있도록 허용했다. 때문에 수도사들은 그 핑계를 대고 성에서 만나곤 했다. 물론 현대인들은 아이들의 머리에 이가 있는 것을 좋아하지 않는다. 하지만 이가 있는 아이들은 특히 신경 써서 보살피게 된다.

볼수록 놀라운 것은 거대 원숭이, 특히 침팬지들이다. 다시 한 번 강조하지만, 침팬지는 인간과 매우 가까우며 인간과 같은 특질들을 공유하고 있기 때문에 쉽게 이해할 수 있다. 성성잇과의 거대 원숭이들은 종종 인간의 훈련을 받아 놀라운 재능을 선보인다. 몇몇 침팬지와 보노보, 고릴라, 오랑우탄들은 실험을 통해 훌륭한 성과를 이루었고, 몸짓이나 시각적 기호를 이용해 언어까지 습득하여 스타가 되기도 했다. 거대 원숭이들은 이러한 언어로 자기들끼리 소통을 하기도 한다. 아직 토론을 하지는 못하지만, 맛있는 것을 요구하거나 관심을 끌고 싶을 때, 외출하고 싶을 때 언어를 사용한다. 물론 이들이 다른 것을 표현하더라도 우리가 이해할 수 있을지는 의문이지만 말이다.

어느 날 우리 실험실 연구원들은 침팬지 '사라'에게 사진을 여러 장 보여 주면서 동물과 인간을 구별하라고 주문했다. 그러자 사라는 개와 고양이, 원숭이 그리고 기호 언어를 배우지 않은 자신의 아버지까지 같은 쪽에 실수 없이 골라 놓았다. 그리고 반대쪽에는 사람과 자신의 사진을 놓았다. 당황스러운 결과였다. 이 실험을 통해 원숭이, 특히 거대 원숭이가 얼굴로 각 개체를 알아본다는 것을 알 수 있었다.

최근에는 미국에 있는 한 무리의 침팬지에게 네덜란드에 살고 있는 다른 무리의 침팬지 중에서 자식을 찾아보도록 하는 실험이 실행되었다. 그런데 그들 중 어머니와 아들은 서로를 알아보았다. 원숭이도 인간과 같은 가족사를 가지는 것이다. 원숭이 연구가 시작된 지 얼마 되지 않았다는 사실에 비춰볼 때 이러한 실험 결과는 놀라운 것이며, 앞으로도 놀라운 일이 더 많을 것으로 예상된다.

우리는 연구를 통해서 침팬지들이 정치를 하고, 선과 악의 개념과 같은 기초적인 도덕을 갖고 있으며, 개인적인 목적을 위해 타인을 조정할 줄 알고, 갈등 후에는 종종 다른 개체의 중

재로 화해하기도 한다는 사실을 알게 되었다.

다른 거대 원숭이들은 어떨까? 보노보는 사회성이 발달했지만 침팬지와 인간에 비하면 덜 복잡한 편이다. 고릴라의 경우 매우 평온한 생활을 하며, 오랑우탄은 차라리 고요하다고 할 만하다.

원숭이들은 어느 정도 발달한 엄지손가락을 갖고 있기 때문에 물건을 능숙하게 다룬다. 몇몇 마카크원숭이들은 손으로 도구를 능숙하게 조작할 뿐 아니라 이러한 습성을 새끼에게 물려주기까지 한다.

1954년 한 일본 여성이 고시마 섬에서 '이모'라는 어린 암컷 마카크원숭이가 고구마를 강물에 씻어 모래를 제거하는 모습을 관찰했다. 나중에 이모는 바닷물에 고구마를 씻어 짠맛이 배도록 했다. 지능이 특출했던 그 암컷은 곡물에 섞인 모래 알갱이를 분리하려고 곡물 한 줌을 물속에 담그기도 했다. 이런 재주는 어린 마카크원숭이들, 특히 이모의 새끼들에게 전수된 반면 그 무리의 나이 든 다른 암컷들과 우두머리 수컷들은 이 방법을 받아들이지 않았다. 하지만 세월이 흘러 이모가 나이 들고 지위를 얻게 됨에 따라 고시마의 모든 마카크원숭이들이 이 행동을 따라하게 되었다. 일본 연구자들은 이것을 단순히 원시 문화라고 생각했지만 실은 세대 간에 전수된 행동이었다.

찰방   찰방   찰방   찰방

?

일본의 마카크원숭이 '이모'는 강물에 고구마 씻는 기술을 새끼들에게 전수했다.

거대 원숭이 중 침팬지가 도구를 사용하기 시작한 것은 오래전으로 거슬러 올라간다. 16세기부터 포르투갈 선원들은 원숭이들의 이런 행동을 관찰하고 보고했다. 다윈*도 1872년 출판된 『인간의 조상』에서 이 사실을 언급했다. 하지만 1960년대 제인 구달*이 현장 연구를 실시하고 나서야 인류학자들은 인간만이 도구를 사용하는 유일한 동물이 아님을 인정하게 되었다. 서구의 남성 대학 교수들은 이모의 주변에 있었던 마카크 원숭이들보다도 더 우둔했던 것이다. 그 이후 고릴라와 오랑우탄, 그리고 보노보가 다양한 도구들을 얼마나 능숙하게 다루는지 알려지기 시작했다.

야생에서 가장 재주가 뛰어나다고 알려진 것은 침팬지이다. 침팬지들은 우산 대용으로 나뭇잎을 사용하며, 거품을 이용해

● ● ●

찰스 다윈(1809~1882) 영국의 생물학자. 젊을 때 해군 측량선 비글 호에 승선하여 남아메리카, 남태평양 섬들, 오스트레일리아 등지를 돌아다녔다. 이때 경험한 것과 관찰한 것을 토대로 1859년 『종의 기원』을 펴냈으며 처음으로 진화론을 주장했다. 다윈의 진화론은 근대 사상과 과학의 형성에 큰 영향을 끼쳤다.

제인 구달(1934~) 영국 캠브리지 대학에서 동물 행동학 박사 학위를 받았다. 1960년 탄자니아의 곰비에서 야생 침팬지에 대한 연구를 시작, 평생을 침팬지와 함께한 침팬지의 어머니이다. 1987년 알버트 슈바이처 상, 2002년 벤자민 프랭클린 상을 수상하기도 했다.

몸을 닦고, 작은 막대기로 이를 쑤시거나 코를 풀기도 하며, 나무 꼭대기에서 밤을 보내기 위해 정교한 둥지를 만든다. 심지어 가시가 있는 곳을 올라가기 위해 샌들을 만드는 침팬지도 있다. 이러한 행동들은 대부분 어미가 새끼를 어린 시절부터 오랜 기간 헌신적이고 세심하게 훈련시킨 결과이다. 이것은 세대에서 세대로 전해지는 진정한 전통으로서 **문화적 행동**의 기초이다.

문화란 유전자나 환경의 지배를 받지 않는 것이다. 연구자들은 아프리카에서 수십 년 동안 침팬지 일곱 그룹의 행동을 비교하여, 세대에서 세대로 전해지는 태도와 습관, 몸짓 등 40가지에 달하는 행동을 밝혀냈다. 이러한 행동들은 수십만 년 동안 이어져 내려온 것인데, 인간에게 알려진 것은 고작 40년밖에 되지 않는다.

4

원숭이는 어떻게
세상에 퍼졌을까?

원숭이는 언제 처음 출현했을까?

원숭이들 혹은 **원숭잇과**는 5500만~3700만 년 전, 에오세 라 불리는 제3기에 출현했다. 당시 지구는 온실 효과의 영향으로 북극권에서 남극권까지 숲이 펼쳐져 있었다. 에오시미아, 또는 원시 원숭이라고 알려진 에오세의 원숭이 무리는 현재 아래턱과 이의 일부가 화석의 형태로 발견되어 있다. 매우 작은 크기의 이 원숭이는 인간을 포함한 현대 모든 원숭이의 먼 원

● ● ●

에오세 지질 시대 구분상 신생대 제3기를 팔레오세, 에오세, 올리고세, 마이오세, 플라이오세의 다섯 시기로 구분할 때 두 번째에 해당하는 세. 기후는 온난 습윤했고 산림이 우거져 석탄층이 많이 퇴적했다.

류로 추정된다. 그렇다면 이제 또 한 가지 마지막 의문점이 생긴다. 원숭잇과의 큰 계보가 발생한 곳은 아프리카일까 아니면 아시아일까? 두 대륙에서 똑같이 오래된 화석이 발견됐기 때문에 현재로서는 알 수 없다.

원숭이의 역사는 3700만~3200만 년 전, 에오세 말부터 올리고세° 초 사이에 갑자기 새로운 국면을 맞이한다. '대단절'이라 불리는 사건 때문에 포유류에 속하는 동물들의 수는 122개에서 70개로 대폭 축소되었다. 지구의 평균 기온이 10도 정도 떨어졌는데 이것은 매우 엄청난 변화였다. 이와 같은 갑작스러운 변화는 지구 전체에 영향을 미쳤다. 환경 변화로 인해 에오세의 무성했던 숲은 축소되어 열대 지방에만 남게 되었다. 영장류는 숲의 이동을 따라 함께 옮겨 갔고 북쪽 지역에서 사라지게 되었다. 이 대단절 이후, 원숭이의 역사는 아랍·아프리카 대륙으로 축소된다.

원숭이의 여러 계보는 이 대단절로부터 나왔다. 현재까지 남아 있는 큰 그룹 두 개의 조상과, 현재는 사라진 다른 계보들

● ● ●

올리고세 점신세라고도 한다. 신생대 제3기를 다섯으로 구분했을 때 세 번째에 해당하는 세. 유공충류가 번성하고 포유동물, 속씨식물이 발달했다.

도 당시에 출현한 것이다. 발견된 화석은 20종이 넘는데, 가장 유명한 것은 이집트 파윰에서 발견된, 3000만 년 전의 원숭이 에집토피테쿠스이다. 이 화석은 구세계 원숭이*에게서 나타나는 모든 특징을 갖고 있다. 서로 연결된 32개의 치아, 완전히 닫힌 눈구멍, 정면을 향해 축소된 코, 두 개의 가지처럼 아래턱과 연결된 좌우 이마 뼈, 공 모양의 두개가 있는 상대적으로 발달한 뇌, 그 아래에 위치한 짧지만 두드러진 안면 등이 그것이다. 그 이후 발견된 모든 원숭이(화석과 살아 있는 원숭이와 인간까지 포함해서)는 위와 같은 특징을 갖추고 있다.

●●●

구세계 원숭이 원숭이는 서식하는 대륙에 따라 남아메리카의 아마존을 중심으로 서식하는 신세계 원숭이와, 아프리카, 인도, 동남아시아, 중국 남부와 일본 등지에 이르기까지 광대한 서식지에 분포하는 구세계 원숭이로 구분된다. 진화론적으로 신세계 원숭이가 좀 더 원시적인데, 마모셋원숭잇과와 꼬리감는원숭잇과의 원숭이가 여기에 속한다. 이들은 크고 간격이 떨어져 있는 콧구멍, 양 턱의 중간 부분에 3개씩 난 작은 어금니, 마주보기가 상대적으로 어려운 엄지손가락, 길고 감을 수 있는 꼬리 등을 특징으로 한다. 한편 구세계 원숭이는 긴꼬리원숭잇과의 원숭이로 동물원에서 쉽게 볼 수 있는 일본원숭이 등이 여기에 속한다. 좌우 콧구멍 사이의 거리가 좁고 콧구멍이 앞이나 아래쪽을 향하며, 꼬리로 물체를 감을 수 있다. 또한 사람과 같이 양 턱의 중간 부분에 작은 어금니가 2개씩 있다.(《한겨레》 2005년 11월 21일자 참조.)

꼬리 없는 원숭이는 어디로 사라졌을까?

불행하게도 3000만~2500만 년 전, 올리고세 말부터 마이오세[*] 초까지의 원숭이 역사는 알려진 게 없다. 이 시기에 구세계 원숭이의 다른 계보들이 사라졌으며, 현재까지 이어지는 긴꼬리원숭잇과(꼬리 있는 원숭이)와 성성잇과(꼬리 없는 원숭이)라는 두 개의 큰 계보로 나뉘었다.

인간이 속한 성성잇과의 황금기는 마이오세 초 아프리카에서였다. 우리의 선조들은 알려진 것만 20종이 넘는다. 그중 마이크로피테쿠스는 가장 작은 종으로 나무에서 생활했고 네발걷기를 했으며 꼬리가 없었다. 현생 거대 원숭이의 조상과 가까운 가장 큰 종 역시 네 발로 걸었으며 지상의 생태에 적응했고, 꼬리는 없었다. 다른 후보로는 1600만 년 전에 나타났던 모로토피테쿠스가 있다. 이 종은 나무에 매달리는 재능이 있었기 때문에 인간의 조상일 것이라는 추정을 받고 있다. 어쨌든 이 기간에 성성잇과는 구세계를 정복하기 시작했다.

이후 지각 변동이 일어나 아프리카는 더 북쪽으로 이동했

• • •

마이오세 중신세라고도 한다. 신생대 제3기 가운데 네 번째에 해당하는 세.

다. 약 1700만 년 전 현재의 중동 부분이 형성되었고, 아프리카는 고립 상태에서 벗어나게 되었다. 성성잇과는 이 기회를 이용해 영역을 넓혔고, 스페인에서부터 중국까지 퍼져 나갔다. 유럽 성성잇과의 계보는 힘차게 뻗어 나갔지만, 지브롤타 부근에서 지중해가 닫히는 바람에 건기가 찾아오면서 점차 멸종했고 결국 긴팔원숭이만이 후손으로 남게 되었다.

아시아 계보에는 무수한 종들이 있는데, 그중 가장 유명한 것은 기간토피테쿠스이다. 이 종은 진정한 의미의 예티*로서 700만~50만 년 전 사이에 살았던 것으로 알려졌다. 현재는 이러한 거대 원숭이들 중 오랑우탄만 남아 있다.

아프리카는 어떨까? 아주 단편적인 화석이 최근 몇 개 발견되었다. 그 결과 1400만~700만 년 전 아프리카에 거대 원숭이들이 살았다는 것이 밝혀졌지만, 실제로 그들의 수는 별로 많지 않았다. 최근 발견된 두 개의 화석은 인간과 침팬지의 조상으로 추정된다. 600만 년 전에 출현했던 오로린 투게넨시스,*

● ● ●

예티 눈사나이로 불리는 이 생물은 1899년 처음으로 히말라야산맥의 눈 속에서 그 발자국이 발견되었다. 발자국 크기는 코끼리 발자국만 하며, 앞발과 뒷발이 한 줄로 나 있는 점이 다른 동물과 다르다. 여러 가지 추측이 있지만 실물이 없어 아직 생물학적 연구 대상이 되지 못하고 있다.

그리고 2002년 7월 차드의 사막에서 발견된 투마이,[*] 최초의 인간 루시를 포함한 오스트랄로피테쿠스[*]의 탄생 이전에 관해서는 주목할 만한 내용이 밝혀진 바가 없다. 700만 년 전부터 현재까지 침팬지와 고릴라의 역사에 대해서는 알려진 것이 아무것도 없는 셈이다.

지금까지 알아본 성성잇과의 역사를 종합해 보자. 유럽 계보는 약 600만 년 전 멸종됐고, 아시아 계보는 오랑우탄으로 축소되었으며, 긴팔원숭이의 기원에 대해서는 여전히 의문점이 남아 있다. 아프리카 성성잇과의 경우, 한쪽에는 침팬지와 보노보, 고릴라가 있으며 다른 한편에는 인간이 있다. 찬란했던 꼬리 없는 원숭이인 성성잇과는 이렇게 쇠퇴하였다.

● ● ●

오로린 투게넨시스 사람과의 동물 화석. 대략 600만 년 전의 것으로 예측된다. 사람과 동물의 가장 오래된 조상이라는 추측도 있다.

투마이 중앙아프리카의 차드에서 600~700만 년 전의 지층을 통해 발견된 초기 인류 화석. 프랑스의 고인류학 연구팀에 의해 두개골과 두 개의 아래턱, 세 개의 치아 등이 발견되었다.

오스트랄로피테쿠스 플라이오세에서 플라이스토세 초기에 걸쳐 존재했던 최초의 화석 인류.

꼬리 있는 원숭이는 어떻게 번성했을까?

최초의 인간이 성성잇과의 쇠퇴기에 나타난 것에 반해, 긴꼬리원숭이는 같은 시기에 한창 번성하는 중이었다. 덕분에 그 자손들인 작은 크기의 원숭이들과 중간 크기의 원숭이들은 생태적 지위°를 확실히 굳혔고, 현재는 비비, 마카크원숭이, 코주부원숭이, 긴꼬리원숭이 등 80종이 넘는 거대한 무리로 이어져 무성한 숲과 사바나를 지배하고 있다.

이 원숭이들이 그렇게 성공적으로 번성한 원인은 무엇일까? 이들은 거대 원숭이들보다 빨리 번식했고 빙하기의 규칙적인 기후 변화에도 아주 잘 적응했다. 계속해서 확장되거나 축소되는 삼림 지대에도 적응하여 개체 수를 늘렸다. 다른 한편으로 이 원숭이들의 소화기는 나뭇잎이나 설익은 과일에 들어 있는 탄닌 및 다른 알칼로이드°를 유연하게 받아들였다.

곧 알게 되겠지만, 화석이 증명하는 원숭이의 역사는 교과

• • •

생태적 지위 어떤 생물이 생물 공동체 중에서 차지하는 위치나 그 상태를 이르는 말. 즉 그 생물이 속한 공동체 내의 먹이 연쇄 어디에 위치하고 있는가를 말한다. 생물은 각각 하나의 생태적 지위를 차지하며, 생태적 지위를 같이하는 두 종류는 동일한 환경에서는 공존하지 못한다.

서에 절대적인 진리처럼 소개된 설명과는 완전히 다르다. 인간의 진화는 여우원숭이, 꼬리 있는 원숭이, 반쯤 일어선 꼬리 없는 거대 원숭이, 그리고 마지막으로 인간의 순서로 이어진다고 널리 알려져 있다. 이러한 인간 중심주의에 따르면, 긴꼬리원숭잇과가 성성잇과보다 더 오래되었다는 뜻이 된다. 이는 사실이라 하기 어렵다. 우리 거대 원숭이들은 꼬리 있는 원숭이들의 세계에서 꼬리 없이 살아남은 최후의 존재들이다.

● ● ●

알칼로이드 식물체 속에 들어 있는, 질소를 포함한 염기성 유기 화합물의 통칭. 독성이 있으며 진통, 진해, 마취 작용을 한다.

5

인간은 **근본적**으로
원숭이와 같을까?

원숭이와 인간은 현재 어디에 위치하는가?

원숭이에 대해 미묘한 거부감을 느끼는 사람들이 많다. 왜 원숭이라면 확실한 이유도 없이 감정을 앞세우는 걸까? 꼬리 있는 원숭이는 인간과 가까운 조상을 밀어냈을 뿐 아니라, 최악의 바이러스를 인간에게 전염시켰다는 의혹을 사고 있다. 실제로 아프리카의 침팬지 무리가 에볼라에 감염되었고 많은 수가 무서운 출혈열로 죽었다. 사실 원숭이와 인간이 그토록 가까운 관계라는 것을 생각하면 원숭이가 인간에게 질병을 전염시킬 수 있다는 것은 전혀 놀랄 일이 아니다. 하지만 우리는 또 다른 비이성적인 이유로 원숭이에 대해 불안감을 품고 있다.

내가 강연을 할 때나 여러분이 지금 읽고 있는 내용을 발표할 때면 사람들은 내가 인간을 부정한다고 비난한다. 서양의 사상은 인간에게만 이성이 있다며 인간을 극도로 찬미하는데, 바로 그 이성이 우리를 비이성적으로 만든 것이 아닌가 한다. 다행스럽게도 '인간에 관한 인간의 생각'이 모든 곳에서 똑같지는 않다. 다른 문화권에서는 인간과 자연의 관계를 다르게 생각한다. 그 결과 일본인들은 원숭이를 연구하는 학문인 **영장류 동물학**의 발전에 큰 기여를 하게 되었다.

싫더라도 다시 이야기하면, 인간은 원숭이가 아니지만 원숭이의 한 부류이며, 과거와 현재에 존재하는 모든 종은 독자적인 것이다. 많은 사람들은 이 사실에 대해서 격앙된 태도를 보이곤 한다. 아마도 이것은 인간들이, 원숭이가 무엇인지도 모르면서 인간의 특성에 관해 논하기 때문일 것이다. 또한 한편으론 우리 호모사피엔스 종이 그리 오래된 역사를 자랑하진 않을지라도, 현대에 알려진 여러 종들의 계보에서 살아남은 최후의 생존자이기 때문일 것이다.

만약 독자 여러분이 이 책의 내용을 끝내 받아들이기 어렵다 하더라도 불편해하지 않기를 바란다. 꼬리가 있든 없든 원숭이가 쓴 이런 책을 읽을 준비가 아직 안 된 것일 뿐이다.

이제 한 가지 의문에 대해 생각해 보자. 만약 원숭이가 없다면 세상은 더 인간적일까? 최초의 인간들이 나무를 포기하고 지상으로 내려온 이후, 우리는 오스트레일리아, 아메리카, 달,

그리고 곧 화성까지 상상도 못했던 운명을 향해 나아가고 있다. 계통수°의 여러 갈래에서 분리되어 나온 후, 우리 진화하는 원숭이들은 다가갈 수 없는 낙원에 대한 허황된 희망으로 우주 탐험에 집착하고 있다.

인간의 특성이라 할 수 있는 이러한 탐험 정신을 줄기차게 발휘한다고 해서, 우리가 과연 인간의 기원에 관한 수치스러운 이론을 뛰어넘을 수 있을까? 우리의 태생, 우리의 본성은 전혀 수치스러운 것이 아니다. 크건 작건, 꼬리가 있건 없건 계통수의 무수한 가지에 흩어져 있는 원숭이는 인간과 공통의 기원을 갖는다. 원숭이들은 과거의 유물이 아니며, 인간만큼이나 현대적인 최근의 종으로서 같은 조상의 유산을 공유한다. 이제야 우리가 겨우 그 사실을 의식하기 시작했을 뿐이다. 사실 우리가 원숭이에 대해 알게 된 것은 그리 오래전의 일이 아니다. '우리는 어디에서 왔는가?'라는 보편적인 질문에 해답을 찾는 것 이외에도 아직 더 발견해야 할 것들이 많이 남아 있다.

원숭이의 미래는 인류의 미래와 연결되어 있다. 열대 우림 지대는 아직도 질병 치료에 도움이 될 만한 신비한 능력과 식

● ● ●

계통수 생물의 발생과 진화의 관계를 나무에 비유하여 나타낸 그림.

물들, 분자들을 지니고 있다. 인류의 미래를 약속해 주는 이 모든 요소는 식물과 원숭이 사이의 공동 진화에서 생긴다. 만약 인간이 계속해서 열대 우림을 파괴한다면, 원숭이와 식물의 다양성은 퇴화할 것이다. 인간이 살아갈 세계는 원숭이가 사는 지구일 수밖에 없다.

이제 우리가 갖고 있는 원숭이의 본성을 인정할 때가 된 것이다.

더 읽어 볼 책들

- 다니엘 퀸, 배미자 옮김, 『고릴라 이스마엘』(펴사리, 2004).
- 데즈먼드 모리스, 김석희 옮김, 『털 없는 원숭이: 동물학적 인간론』(문예춘추사, 2006).
- 도리언 세이건 외, 황현숙 옮김, 『생명이란 무엇인가』(지호, 1999).
- 리처드 도킨스, 이한음 옮김, 『조상 이야기: 생명의 기원을 찾아서』(까치, 2005).
- 리처드 리키, 황현숙 옮김, 『인류의 기원: 리처드 리키가 들려주는 최초의 인류 이야기』 (사이언스북스, 2005).
- 세드릭 그리무, 이병훈 외 옮김, 『진화론 300년 탐험』(다른세상, 2004).
- 스티븐 제이 굴드, 이명희 옮김, 『풀하우스』(사이언스북스, 2002).
- 재레드 다이아몬드, 김정흠 옮김, 『제3의 침팬지: 인간은 과연 멸망하고 말 것인가』(문학 사상사, 1996).
- 제인 구달, 최재천 옮김, 『인간의 그늘에서: 제인 구달의 침팬지 이야기』(사이언스북스, 2001).
- 칼 짐머, 이창희 옮김, 『진화: 시간의 강을 건너온 생명들』(세종서적, 2004).
- 프란스 드 발, 김소정 옮김, 『보노보』(새물결, 2003).
- 프란스 드 발, 박성규 옮김, 『원숭이와 초밥 요리사』(수희재, 2005).
- 프란스 드 발, 이충호 옮김, 『내 안의 유인원』(김영사, 2005).

논술·구술 시험은 논리적이고 종합적인 사고를 요구한다. 다음에 제시된 문제는 이 책의 주제와 연관이 있는 논술·구술 기출 문제이다. 이 책을 통하여 습득한 과학적 지식과 원리, 입체적이고 논리적인 접근 방식을 활용하여 스스로 문제에 답해 보자.

▶ 사람 염색체의 염기 서열을 완전히 해독해 본 결과 사람이 가지고 있는 유전자의 수는 30,000개를 조금 넘는 것으로 보인다. 이는 처음 예상했던 100,000개에 비해 매우 적은 수로서 다른 동물이 가진 유전자의 수와 크게 차이가 나지 않을 것으로 생각한다. 만일 유전자의 수가 크게 다르지 않다면 어떻게 사람과 다른 동물이 차이가 날 수 있는지 말해 보시오.

▶ 다윈의 진화론에 반대되는 생물의 다양성에 대해 설명하시오.

옮긴이 | 김희경

성심여대(현 가톨릭대학교) 불문학과를 졸업했으며, 프랑스 피카르디 대학에서 박사 과정을 수료했다. 현재 전문 번역가로 활동 중이다.

민음 바칼로레아 23

원숭이는 인간의 형제인가?

2판 1쇄 펴냄 2021년 3월 30일
2판 5쇄 펴냄 2024년 8월 8일

1판 1쇄 펴냄 2006년 4월 7일
1판 3쇄 펴냄 2013년 9월 19일

지은이 | 파스칼 피크
감수자 | 민미숙
옮긴이 | 김희경
발행인 | 박근섭
펴낸곳 | ㈜민음인

출판등록 | 2009. 10. 8 (제2009-000273호)
주소 | 06027 서울 강남구 도산대로 1길 62 강남출판문화센터 5층
전화 | 영업부 515-2000 **편집부** 3446-8774 **팩시밀리** 515-2007
홈페이지 | minumin.minumsa.com

도서 파본 등의 이유로 반송이 필요할 경우에는 구매처에서 교환하시고
출판사 교환이 필요할 경우에는 아래 주소로 반송 사유를 적어 도서와 함께 보내주세요.
06027 서울 강남구 도산대로 1길 62 강남출판문화센터 6층 민음인 마케팅부

㈜민음인은 민음사 출판 그룹의 자회사입니다.